시간

시간은 쉬지 않고 흐른다.

시간이 있기에 우리는 지나간 일들과 지금 일어나는 일들,

그리고 앞으로 일어날 일들을 설명할 수 있다.

다시 말해 시간은 우리를 둘러싼

모든 사건의 질서를 만든다.

지은이 **페르닐라 스탈펠트**

1962년 스웨덴의 외레브로라는 곳에서 태어났어요. 대학에서 문화학과 예술학을 공부한 뒤에 박물관에서 어린이들에게 현대미술을 가르치는 일을 했습니다.
1997년부터 그림책 작가로 활동하면서 《죽으면 어떻게 돼요?》 《세상으로 나온 똥》 《두들겨패줄 거야!》 등 많은 그림책을 쓰고 그려서, 엘사 베스코브상 등의 어린이문학상을 받았어요. 특히 2004년에는 동화책 《삐삐 롱스타킹》을 쓴 작가, 아스트리드 린드그렌 재단에서 수여하는 아동문학상인 아스트리드 린드그렌상을 받았습니다.

옮긴이 **우순교**

오랫동안 어린이책을 쓰고, 우리말로 옮기는 일을 해 왔습니다.
그동안 쓴 책으로는 《찰리 채플린, 세상을 웃긴 배우》 《나도 연등을 달고 싶어》 들이 있고, 옮긴 책으로는 《사람은 다 다르고 특별해!》 《메리 포핀스》 들이 있습니다.

처음 철학 그림책

시간

시간이 보이니?

페르닐라 스탈펠트 글·그림 | 우순교 옮김

시금치

시간은 눈에 보일까?

우리는 시간을 따돌리거나

따라잡을 수 있을까?

잠 오는 수프를 먹으면, 잠시 시간에서 벗어날 수 있을 거야.

색색

잘 때는 시간이 흐르는 걸 모르니까.

쿨쿨 색색

쿨쿨 쌔근쌔근

잠자는 숲속의 공주는 100년 동안 잠을 잤어. 하지만 시간은 흘렀고 장미 덤불이 온 성을 뒤덮었지. 장미는 잠들지 않았거든.

시간을
붙잡아 둘 수 있을까?

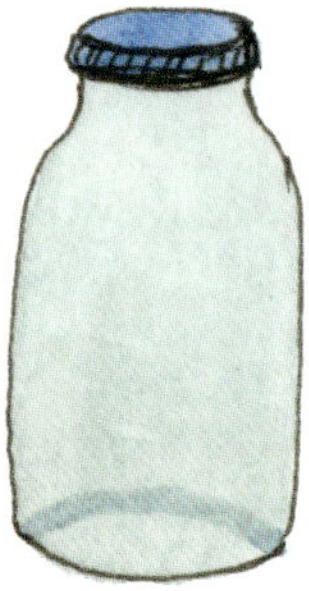

새장이나   사진에?   아니면 유리병에?

시계는 어떨까?

시간이 보이니?

시계가 있으면 시간도 볼 수 있어.

시계에서 시간은 돌고 돌아. 시계를 벗어난 시간도 있을까?

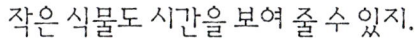

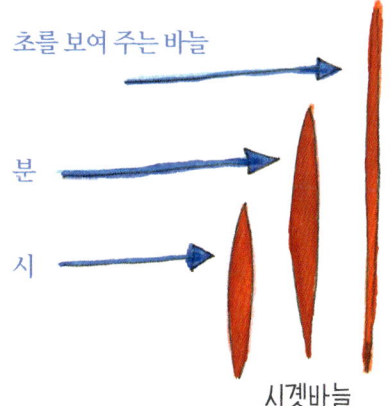

작은 식물도 시간을 보여 줄 수 있지.

나는 날마다 조금씩 자라.

시계에서는 가장 긴 바늘이 가장 짧은 시간을 나타내. 가장 짧은 바늘이 가장 긴 시간을 나타내고. 웃기지?

휴대 전화는 시간을 숫자로 보여 줘.
디지털시계는 다 그래.

머리카락이 자라는 걸 보고도 시간을 알 수 있어.
머리카락도 날마다 조금씩 자라니까.

수염이 짧으면 시간이 조금 흐른 거고, 수염이 길면 시간이 많이 흐른 거야. 그러니 수염이 얼마나 자랐는지 재 보아도 시간을 알 수 있겠지?

시간이 멈춘 것 같을 때도 있어.

시간이 아파서 그런 걸까?

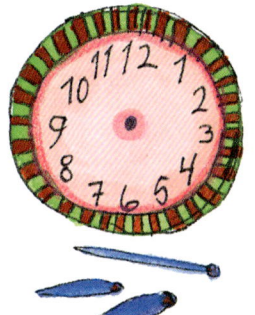

시계가 멈추었어.
돌아가지 않아.

시곗바늘이 떨어짐.

시간이 끝나거나
사라질 수도 있을까?

사라져라,
얍.

어쩌면 마법사가
시간에 마법을
걸지도 몰라.

그 뒤로 시간이 흐르기 시작했어.

빙하 시대
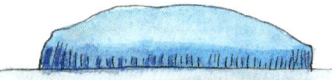
지구 곳곳이 얼음에 덮인 때

공룡 시대

공룡들이 활보하던 때

석기 시대

사냥을 하며 살던 때

바이킹 시대

바이킹이 세계를 돌며 무역을 하던 때

바사 시대

바사왕이 스웨덴을 통치하던 때

현대

우리가 살고 있는 바로 지금!

삶도 시간이야.

태어나면서 시작해.　자라고　또 자라.　그러고는 늙고　죽으면 끝이야.

인생

죽으면 시간에서 벗어난다고들 해.

우리가 죽으면 시간도 멈출까?

시간에게 안녕을 고할 때가 됐어!

끝까닥

죽은 뒤에는 영원만이 남아. 영원은 끝도 없고 시작도 없어.
계속 이어지지만, 세거나 잴 수도 없어.

시간이 많다고 생각하는 사람이 있는가 하면

시간이 적다고 생각하는 사람들도 있어.

채소 요리에도 시간은 중요해.

달걀 삶는 시간도 너무 길면
노른자가 초록색이 되고 말아.
그래도 맛은 똑같지만!

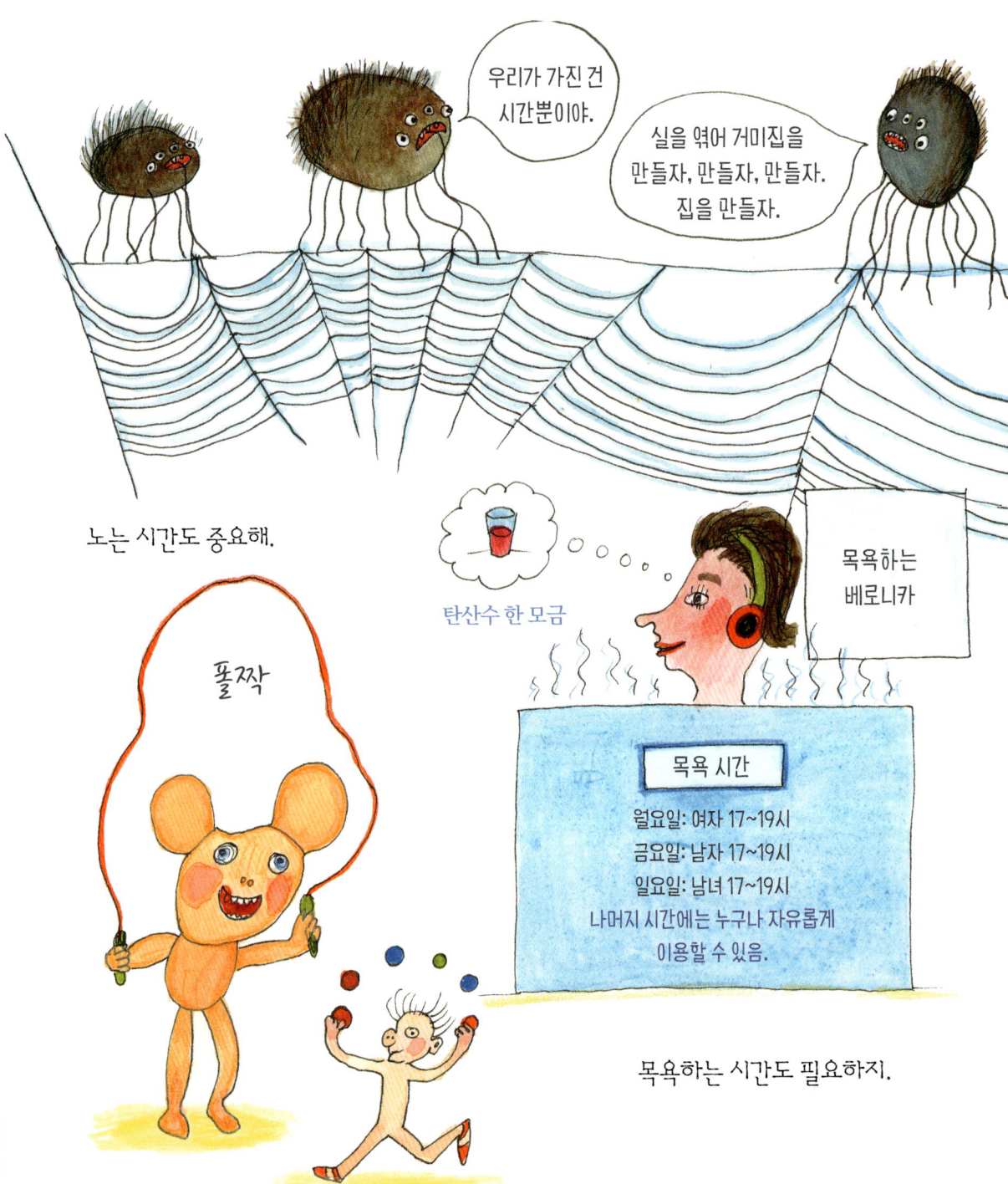

달력을 보면 몇 월 며칠인지 알 수 있어.
1년을 한 눈에 볼 수도 있지.

1년은 열두 달로 이루어져 있어.
열두 달이 다 지나면,
새로운 1년이 시작되지.

...2015
...2016
2017...

열두 달은 공처럼 돌아가.

《 일주일 》

일요일 월요일 화요일 수요일 목요일 금요일 토요일

1주일은
7가지의 이름을 가진
7일을 말해.
1주일의 7일도 시곗바늘처럼
돌고 돌지.

밤

우리에겐 밤과 낮만 돌고 돌지.

밤의 새

옛날에는 한 달을 가리켜서
이렇게 부르기도 했대.

3월은 올빼미의 달
4월은 풀의 달
5월은 꽃의 달
6월은 여름의 달
7월은 벌레의 달

달 구경

데이트를 하기로 했다면……

두 사람이 같은 달력을 쓰는 게 좋아.

동물들은 누가 알려 주지 않아도
스스로 시간을 알지.

수컷 늑대가 어슬렁거리고 있어.
녀석은 이제 짝짓기를 해야 할 때라는 걸 알고 있어.

곰은 겨울마다 겨울잠을 자.

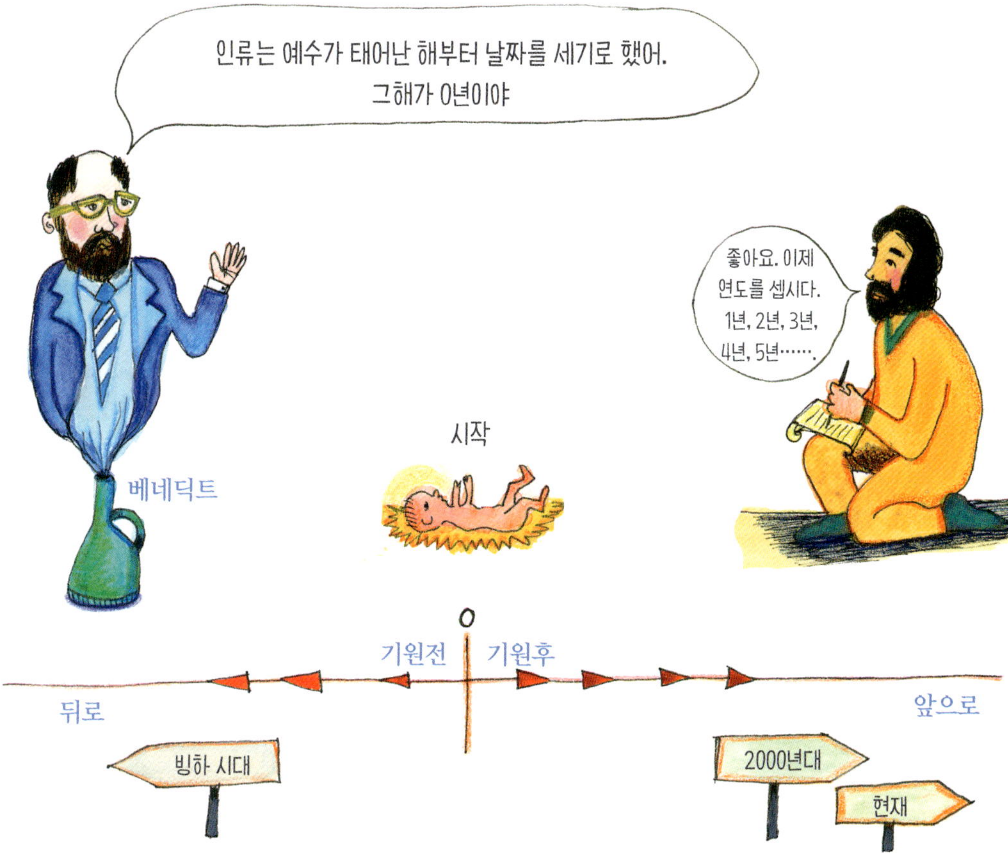

빠르기는 초시계로 잴 수 있어.

모래시계로는 좀 더 긴 시간을 잴 수 있지.

이따금 사람들이 "시간이 할퀴고 갔다"고 할 때가 있어. 무슨 뜻일까?

시간은 무서울 때가 있어.

늙은 강아지를 죽게 하고,
오래된 자동차를 녹슬게 하고 망가뜨리지.
이런 걸 시간이 할퀴고 갔다고 해.

시간이 할퀴고 간 흔적을 없애려면… 영원한 삶을 주는 젊음의 샘물을 찾아야 겠지.

(젊음의 샘물이라는 것이 진짜 있기는 할까? 생각 속에만 있는 건 아닐까?)

타임머신을 만들어서……

다른 시대로 갈 수도 있어.

추억도 타임머신 같은 거야.

추억은 우리를 아주 먼 옛날까지 데려다 줄 수 있어.

몇 달 전, 몇 주일 전으로 거슬러 올라갈 수도 있고.

우리는 석기 시대로 여행할 수도 있어.

상상으로는 못 가는 곳이 없지.

처음 철학 그림책 〈시간〉 | 시간이 보이니?

초판 1쇄 발행 2018년 6월 25일
초판 4쇄 발행 2024년 8월 30일
지은이 페르닐라 스탈펠트 | **옮긴이** 우순교
펴낸이 송영민 | **디자인** 달뜸창작실 | **편집** 송영민
펴낸곳 시금치 | **주소** 서울시 마포구 잔다리로7길 18, 502호 | **전화** 02-725-9401 | **팩시밀리** 0303-0959-9403
전자우편 7259401@naver.com | **블로그** https://blog.naver.com/greenpubbook
인스타그램 https://www.instagram.com/greenspinage/
출판신고 제2019-000104호

ISBN 978-89-92371-56-8 77850
      978-89-92371-22-3 77850(세트)

TIDEN BOKEN by Pernilla Stalfelt
ⓒ 2017 Pernilla Stalfelt
First published by Rabén & Sjögren, Sweden, in 2017
Korean Translation Copyright ⓒ 2018 by Green Spinach Publishing All rights reserved.
The Korean language edition is published by arrangement with Rabén&Sjögren Agency,
Sweden through MOMO Agency, Seoul.

이 책의 한국어판 저작권은 모모 에이전시를 통해 Raben&Sjögren Agency 사와의 독점 계약으로 '도서출판 시금치'에 있습니다.
저작권법에 의해 한국 내에서 보호를 받는 저작물이므로 무단전재와 무단복제를 금합니다.

값은 뒤표지에 있습니다.